DE LA

PROSTITUTION.

DE LA

PROSTITUTION.

CAHIER

ET DOLÉANCES

D'UN AMI DES MŒURS,

*Adreſſés ſpécialement aux Députés
de l'ordre du Tiers-État de Paris.*

AU PALAIS ROYAL.

Il y a tant d'imperfections attachées à la perte de la vertu dans les femmes, toute leur ame en eſt ſi fort dégradée, ce point principal ôté en fait tomber tant d'autres, que l'on peut regarder, dans un Etat, l'incontinence publique comme le dernier des malheurs, & *la certitude d'un changement dans la Conſtitution.*

Eſprit des Loix, liv. 7, chap. 9,
p. 174, édit. de Baſtien.

DE LA PROSTITUTION.

CAHIER

D'UN AMI DES MŒURS.

Je vais dénoncer aux Députés de Paris quelques abus avec lesquels mon séjour dans la capitale n'a jamais pu me familiariser. Voltaire dit qu'il faut enseigner aux hommes *ce qu'ils savent*; il faut montrer aux Parisiens ce qu'ils voient, il faut les passionner contre ce qui ne les affecte plus. Il est, parmi les abus qui me choquent, des scandales si monf-

trueux, si contagieux, si révoltans,
qu'ils me chaffoient jadis des promenades publiques, & me faifoient re-
chercher les bois éloignés de nos
cloaques pendant les deux ou trois
mois de la belle faifon. Mais l'hiver
eft fi long, la nature eft fi reculée
aujourd'hui de ce vafte *cloître* qui
nous enferme, qu'il faut habiter
malgré foi cette ville infecte &
bruyante, & fouiller fes regards &
fa penfée de tous les maux que l'ex-
trême inégalité traîne néceffairement
à fa fuite.

Dénonçons avec une courageufe
opiniâtreté les attentats qui violent

l'honnêteté publique. Excitons contre
les fauteurs du fcandale l'animad-
verfion des bons citoyens. C'eft le
courroux des peres qu'il faut allumer,
c'eft la vigilance & la crainte mater-
nelle qu'on doit ranimer; c'eft, enfin,
le zèle du magiftrat qu'il faut faire
rougir de fon refroidiffement par-
jure. Retirons au moins quelques
fruits utiles des affreufes connoif-
fances qu'on eft tous les jours étonné
d'acquérir dans cette cité vafte &
voluptueufe, comme un Chymifte
cherche des remèdes dans les poi-
fons; & s'il n'eft pas permis d'ef-
pérer que tous les grands vices en
foient extirpés, forçons - les au

moins de ne pas étaler impudem-
ment & leurs moyens de féduction ,
& leurs infâmes trophées.

DE LA PROSTITUTION.

I.

Diminuer ce fcandale abominable en dé-fendant, fous les plus grièves peines, le ra-crochage dans les jardins publics, & même celui des fenêtres.

I I.

Affecter à ces demoifelles une couleur particuliere ; leur ordonner les grandes plumes & *le rouge*.

I I I.

Que le Guet n'ait pas l'air de favorifer le libertinage dans les carrefours où les filles s'attroupent, & fur-tout qu'on fai-fiffe impitoyablement les *vieilles* qui font ce commerce. Le foir, elles excitent les paſſans; le jour, elles vont de quartier en quartier remarquer les filles d'artiſans qu'elles cherchent à débaucher, ou qu'elles enlêvent.

I V.

Qu'on ne permette pas que, ſous prétexte de donner des adreſſes imprimées d'ouvrieres en linge ou en mode, on attire la jeuneſſe & les citoyens de tous les ordres dans les lieux de proſtitution.

V.

J'ai vu des enfans de dix ans recevoir de la rue Croix-des-petits-champs & du Palais-royal des invitations pour voir des tableaux d'Italie & de Hollande; c'étoient des filles de ces pays *pour contenter tous les goûts.*

V I.

Qu'on ne ſouffre pas que les ſallons de ces miſérables *entrepreneuſes* ſoient décorés de tout ce que Lampfaque pouvoit imaginer de plus obfcène aux myftere de Cotyto. Il y a, dit-on, rue des-petits-Champs , des chambres qui auroient fait produire à l'Arétin foixante-douze tableaux au lieu de trente-fix.

V I I.

Qu'on frappe d'amendes énormes & de punition corporelle les fcélérates qui recrutent les mauvais lieux de filles enlevées. Il y a tel férail devers l'opéra où l'on n'admet que des filles de douze , treize & quatorze ans ; à quinze ans on les chaffe.

V I I I.

Qu'on empêche ces petites coquines qui colportent leurs charmes avec tant d'effronterie, d'avoir chez elles, & de conduire aux promenades les jeunes enfans qu'elles loüent, & qui dès la bavette font témoins de leurs débordemens.

I X.

Interdiction des jokets ; ces pages mols & efféminés font auprès de ces dames un fervice très-fufpecté , leur *complaifance* eft , dit-on, fans bornes.

X.

Punir rigoureufement celles qui dans les rues & fous les arcades étalent leurs charmes fans pudeur. En été , de la premiere allée , on les voit danfer à demi-nues dans leurs entrefols mal fermés.

X I.

Supprimer le fallon des Beaujolois , qui n'eft qu'un marché public de coureufes, où le vice en cheveux blancs , en calotte, ou décoré de rubans , choifit, marchande & *dégufte* à la face du jour & à la barbe des promeneurs.

X I I.

Abolir les petits fpectacles des boulevards, peuplés de petites proftituées toutes
gangrenées, & de petits poliçons prefque
tous épuifés en arrivant à la puberté. Au-
dinot & Nicolet ouvrent tous les foirs une
école de mauvais goût & de lubricité qui
déprave le peuple & dégoûte, ce qu'on
appelle *honnêtes gens*, des vrais théâtres
de la nation. Les mœurs crapuleufes qu'on
repréfente fur ces tréteaux, ont introduit
parmi les grands le dégoût des chofes
honnêtes & le mépris des bienféances.

X I I I.

Interdire les petites loges grillées, les
boudoirs établis à prefque tous les fpectacles, où l'on trouve des lits & des poë-
les, dernier rafinement du luxe & de la
moleffe. Défendre les rideaux des loges,
éclairer toutes celles qui font dans des re-

coins obfcurs , & forcer les filles de profeffion de tenir leurs portes ouvertes : la
fentinelle fe promeneroit dans les corri-
dors pour maintenir cette police. Cet ufage
eft établi à Marfeille.

X I V.

Défendre aux actrices & aux baladieres
ces traveftiffemens indécens , ces coftumes
couleur de chair , qui attirent tant de
monde & faliffent tant de jeunes imagi-
nations aux fréquentes repréfentations d'A-
zémia & de l'Héroïne américaine.

X V.

Je voudrois qu'on interdît aux filles les
deuils de cour & les diamans ; & que , hors
les tems de deuil, elles fuffent en noir,
avec un cordon vert liféré de rouge.

XVI.

Que toute demoiselle en chambre garnie,
ou dans ses meubles, eût un métier ou un
talent, sous peine de six mois de Salpê-
trière.

XVII.

Qu'aucune demoiselle ne pût avoir une
livrée, ou *le manteau* aux paneaux de sa
voiture, & mille écus d'amende contre
celles qui oseroient se parer des armes de
leur amant. Cette insolente vanité est l'af-
fiche qui contriste le plus les jeunes femmes
que trahissent leurs volages époux.

XVIII.

Défendre, sous peine d'amende & de
prison d'étaler sur le boulevard cette in-
croyable quantité de chansons ordurieres,
dont les seuls titres sont un appas pour la
canaille & une infamie qui fait horreur aux

gens honnêtes. On en compte jufqu'à trois cens d'obfcènes. VOYEZ *les Cinq contre un* , &c. &c. &c.

X I X.

Défendre , fous les mêmes peines, d'ex-pofer aux regards du public cette foule d'eftampes libidineufes , où le burin fe prof-titue pour arrêter les paffans & émouvoir leurs fens énervés. VOYEZ *la Marchande de pommes de terre* , &c. &c. &c.

X X.

Balayer en prifon cette multitude de M . . . . qui court les boulevards dès le foir pour indiquer aux amateurs les mai-fons de proftitutions *in utroque jure.*

X X I.

Vifiter le petit coffre fecret & fermé à clef où les Brochuriers des boulevards
tiennent

tiennent leurs livres défendus. C'eſt-là que les Actrices des petits théâtres, & les Perruquiers qui les coëffent viennent acheter ou louer dom B..., le Meurſius françois, ma Converſion, la Pucelle & les Contes du chanoine Grécourt, avec figures. C'eſt-là que s'abonnent les filles des artiſans du Marais & des fauxbourgs voiſins. C'eſt-là qu'ils renferment auſſi des cahiers de chanſons impies ou infâmes, où tout eſt appellé par ſon nom.

XXII.

Prendre garde à ces grifons myſtérieux, qui rôdent le ſoir dans les jardins publics & aux boulevards ; ils offrent des maiſons *à l'heure* pour y conduire les femmes qu'on gêne, ou les demoiſelles les plus ſurveillées. C'eſt ſur - tout le dimanche, ou la veille des grandes fêtes, qu'à la faveur des prétextes les plus ſacrés, ils ménagent des rendez-vous qui menent de

B

la paſſion au vice, & du vice à la tur-
pitude, & à la derniere miſere des proſ-
tituées. Les femmes-de-chambre en appa-
rence les plus ſûres, connivent à ces ar-
rangemens ; & il ſe forme des parties
quarrées, lorſqu'on croit les deux compa-
gnes à la meſſe ou au confeſſional.

XXIII.

Je voudrois qu'on fouettât à huis clos,
dans la Salpêtriere, les malheureuſes qui
favoriſent la proſtitution des filles qui n'ont
pas quinze ans.

XXIV.

Il faudroit y retenir à jamais celles qui
ont employé les breuvages & les *fauteuils*,
dont deux ou trois Seigneurs ont renou-
vellé de nos jours l'exécrable uſage.

XXV.

Il faudroit enfermer pour la vie la mere

qui a pu vendre fa fille.... La mifere de ce temps a prodigieufement multiplié ce crime révoltant.

XXVI.

La fœur ufée qui féduit & proftitue fa jeune fœur, enfermée auffi pour la vie. Ce commerce affreux eft devenu très-commun depuis cinq à fix ans.

XXVII.

J'ordonnerois aux marchandes de Modes, dont la plupart ont des magafins pour les amateurs, d'avoir des rideaux de gaze à leurs carreaux, & je voudrois que jamais leurs jeunes ouvrières ne portaffent elles-mêmes les ouvrages dans les maifons.

XXVIII.

Il faudroit que les Tuileries & le Luxembourg fuffent fermés à la chûte du jour en toute faifon. Point de grace pour les effrontés qu'on furprendroit *in mafculum turpitudinem operantes* , comme dit Saint Paul , les infibuler & les bannir. En Angleterre , on les livre à la fureur *des femmes* du peuple , qui fouvent les mettent hors d'état de récidiver. N'imitons pas en cela l'Angleterre , mais foyons très-intolérans pour les hérétiques de ce genre.

X X I X.

Obliger toutes les filles de profeffion à la vifite hebdomadaire du Chirurgien, & à l'oftention d'un certificat de fanté ou de maladie , bien & dûment paraphé du Chirurgien & du Commiffaire.

X X X.

Les contraindre à n'avoir que des lits de deux pieds & demi, pour rendre la coucherie plus rare.

X X X I.

Interdire aux filles de loger chez les

marchands de Vin, au-deſſus des Cafés
& des maiſons de jeu, & ſur-tout dans
l'hôtel des reſtaurateurs.

XXXII.

Obliger les Fiacres d'avoir des glaces
pleines, & non des paneaux en bois ou à
petit carreau.

XXXIII.

Amender fortement les baigneurs qui
favoriſent le libertinage. Cet uſage s'introduit & peut devenir commun, comme
à Berne & à Naples, ſi la Police ni veille
exactement.

XXXIV.

Il me ſemble qu'on diminueroit beau-
coup le libertinage d'*occaſion*, ſi les filles
n'habitoient ni les entreſols, ni même les
premiers étages, & ſur-tout s'il leur étoit
défendu de ſe montrer aux fenêtres. C'eſt
de cette diſtance qu'une femme parée fait

illusion. Vue de près, elle n'a souvent sur la face que la faim, la luxure, ou les marques dégoutantes du mal qui la ronge.

XXXV.

Punir de prison & de confiscation de meubles, toute fille *Castor* ou *demi Castor* qui donneroit à jouer. On en connoît plusieurs qui gagnent cinquante mille livres de rente au 15 & au tritrac, chez elles, *avec leurs dés.*

XXXVI.

Déclarer nuls tous les billets faits à *ces impures*, & les emprisonner pour ceux qu'elles exigent des jeunes gens qui ne font pas majeurs.

XXXVII.

Tout proche parent pourra revendiquer sa proche parente, quoique consacrée parmi les vestales de l'Opéra.

XXXVIII.

Rafer & renfermer pour un an toute *fille de ce bas monde*, qui fe laiffera furprendre en flagrant délit aux Champs Elyfées, au bois de Boulogne, ou aux environs des falles de Spectacles, où il n'eft pas rare qu'elles donnent celui-là.

XXXIX.

Rafer & renfermer toute dévergondée, qui dans les rues ofera de nuit ou de jour fe montrer avec le fein découvert. Cela eft devenu fi commun, qu'elles forcent les paffans, & jufqu'aux vieux Prêtres, à les palper, rendant elles-mêmes la pareille de toute main, malgré la lune & les reverberes.

X L.

Faire donner le fouet bien ferré par la femme du bourreau à ces morveufes de dix à douze ans, qui depuis quelques mois s'introduifent au Palais Royal, & pro-

voquent l'impuiffante lubricité de quelques
vieux habitués des Beaujolois.

XLI.

Placer une fentinelle à la porte de tous
les *Couvens* qu'on fe croit obligé de to-
lérer. Ordonner aux Abbeffes de préfenter
au Commiffaire les *Novices* de l'Ordre ,
afin qu'elles déclarent que c'eft librement
qu'elles embraffent la profeffion.

XLII.

Obliger le Commiffaire à leur lire tout
haut un précis des maux de toute
efpèce qui les atttendent au fein des
plaifirs , fans oublier un tableau de la
Salpétriere , à laquelle je voudrois qu'elles
fiffent une vifite de précaution.

XLIII.

Etablir un Hofpice *des repenties ,* où
les Madeleines qui fe lafferoient du vice

pourroient trouver de l'occupation, de l'inftruction & de l'indulgence. —Hélas ! en Paradis tout faint n'eft pas vierge !

XLIV.

Interdire l'entrée des Cafés, des Reftaurateurs & des Tavernes, à toute perfonne du fexe.

XLV.

Interdire ces Bals champêtres, qui, depuis quelques temps, les Dimanches furtout, font devenus le rendez-vous de toutes les grifettes de la banlieue. C'eft-là que les *embaucheufes* vont fe pourvoir ; là, que les petits Acteurs des Boulevards vont porter tous les germes de la débauche & de la corruption, d'où elle fe répand à la fois dans la ville & dans la campagne.

XLVI.

Punir très-féverement tout conducteur

de Meſſageries ou des Carroſſes publics, qui ameneroit à Paris les filles des villes voiſines. Défenſe de les recueillir ſur les grandes routes. *Peine de mort* contre ceux qui les raviroient à leurs parens, ou qui s'entendroient avec les raviſſeurs.

XLVII.

Frapper de bâtardiſe tous les enfans d'une mere qui, dans l'abſence de ſon mari, ou avec ſa tolérance, vivroit publiquement dans la proſtitution.

XLVIII.

Enlever aux catins leurs enfans, à qui elles ne peuvent donner qu'une éducation déteſtable, & qu'elles font ſouvent ſervir, dès trois & quatre ans, aux uſages qu'avoit imaginés l'abominable dépravation du vieux bouc de Caprée.

XLIX.

Ne pourroit-on pas aſſigner un quartier

dans chaque Fauxbourg aux femmes de cet état , & reculer des yeux de nos filles & de nos épouses , les obscenes tableaux , les dégoutantes horreurs qui souillent leurs regards , & adultèrent certainement leur imagination ?

En sortant d'une Eglise , de l'Oratoire , par exemple , de Saint Eustache ou de Saint Roch , on n'auroit pas en face , dès la premiere marche du Temple , les agaceries d'une fille en jupon écourté , les jambes croisées devant son balcon , & retenant son sein pour y attirer les regards des *Fideles*.

Les jeunes filles de nos Bourgeois dévorent ces tableaux d'un œil lascif , & croient peut-être que le plaisir est là .... Il n'y a que la misere , le dégout , la sale crapule , & les maladies les plus *cuisantes* & les plus ignominieuses.

C'est à vous, bons Citoyens, que je dénonce ces grands abus & cette absence des mœurs publiques , qui attestent l'absence d'une Police vigilante ; tout est cor-

rompu autour de vous, l'air même que
vous respirez, les alimens qu'on vous fal-
sifie, les spectacles qu'on vous offre avec
la plus immorale profusion..... Votre sa-
gesse & votre toute-puissance peuvent tout
épurer, tout régénérer. Etablissez une législation surveillante; diminuez ou abolis-
sez entiérement ces droits énormes sur les
comestibles, qui invitent tous les citoyens
à la fraude; flétrissez par des distinctions
avilissantes, ces Courtisannes fameuses par
le trafic de leurs charmes; détruisez à jamais ces théâtres infâmes, qui nous dé-
gradent & nous corrompent; songez que
sans les mœurs toute législation est sans
base. Les mœurs ne font que le goût &
la pratique des choses honnêtes. Ranimez
cette honnêteté publique, créez-là, vous
le pourrez, en réformant l'éducation na-
tionale, en promulgant des loix somp-
tuaires, en honorant le mérite dans tous
les états, en anéantissant tous les privi-
les. Les privileges corrompent toute une

Nation; *les privileges diſcréditent les ſources honnêtes de fortune & de bonheur.* De-là cette conſpiration *générale* contre les loix & contre les mœurs ; de-là le luxe & le célibat ; de-là des hymens ſcandaleux, des paternités équivoques, des ruptures éclatantes, & des ruines irréparables de fortune & de réputation. Faites-nous chérir par-deſſus tout le titre de Citoyen , & les mœurs ſimples de la bonne & honnête Bourgeoiſie ; donnez une patrie à des hommes qui n'avoient qu'un pays , & les ſcandales que je déplore, diſparoîtront des grandes Cités de la France.

F I N.

www.ingramcontent.com/pod-product-compliance
Lightning Source LLC
Chambersburg PA
CBHW070742280326
41934CB00011B/2772